BEI GRIN MACHT SICH IHR WISSEN BEZAHLT

- Wir veröffentlichen Ihre Hausarbeit, Bachelor- und Masterarbeit

- Ihr eigenes eBook und Buch - weltweit in allen wichtigen Shops

- Verdienen Sie an jedem Verkauf

Jetzt bei www.GRIN.com hochladen und kostenlos publizieren

Bibliografische Information der Deutschen Nationalbibliothek:

Die Deutsche Bibliothek verzeichnet diese Publikation in der Deutschen National-
bibliografie; detaillierte bibliografische Daten sind im Internet über http://dnb.d-
nb.de/ abrufbar.

Impressum:

Copyright © 2018 GRIN Verlag
Druck und Bindung: Books on Demand GmbH, Norderstedt Germany
ISBN: 9783668865730

Sebastian Boden

Trainingslehre 3. Trainingsplanung Beweglichkeitstraining und Koordinationstraining

GRIN Verlag

GRIN - Your knowledge has value

Der GRIN Verlag publiziert seit 1998 wissenschaftliche Arbeiten von Studenten, Hochschullehrern und anderen Akademikern als eBook und gedrucktes Buch. Die Verlagswebsite www.grin.com ist die ideale Plattform zur Veröffentlichung von Hausarbeiten, Abschlussarbeiten, wissenschaftlichen Aufsätzen, Dissertationen und Fachbüchern.

Besuchen Sie uns im Internet:

http://www.grin.com/

http://www.facebook.com/grincom

http://www.twitter.com/grin_com

Deutsche Hochschule für
Prävention und Gesundheitsmanagement
Hermann Neuberger Sportschule 3
66123 Saarbrücken

Einsendeaufgabe

Fachmodul:	Trainingslehre 3
Studiengang:	BFÖ
Datum Präsenzphase:	02. – 04.05.2018
Name, Vorname:	Boden, Sebastian
Studienort:	**Stuttgart**
Semester:	**SS2016**

Inhaltsverzeichnis

1 Teilaufgabe 1 – Personendaten

In der folgenden Tabelle (Tab. 1) sind die allgemeinen und biometrischen Personendaten der Testperson aufgelistet. Diese werden benötigt, um einen nach Bedarf der Testperson, individualisierten Dehnungsplan, sowie einen systematisch zielgerichteten Koordinationsplan erstellen zu können.

Tab. 1 Allgemeine und biometrische Personendaten

Alter	24 Jahre
Geschlecht	Männlich
Körpergröße	1,78m
Körpergewicht	85,0 kg
Trainingsmotiv	▪ Verbesserung der Beweglichkeit ▪ Koordinative Fähigkeiten verbessern ▪ Abbau Muskelverspannungen ▪ Leistungssteigerung durch bessere Beweglichkeit
Berufliche Tätigkeit	Mechatroniker, der auf Montage körperlich hart arbeitet
Frühere sportliche Aktivitäten	Leichtathletik (zwischen 6-14 Jahren) und Fußball (zwischen 6-16 Jahren)
Aktuelle sportliche Aktivitäten	Seit 7 Jahren 4-5x pro Woche, Krafttraining & Performance Training / Boot Camp Kurse (inkl. Dehnübungen 30min pro Woche)
Zeitlicher Verfügungsrahmen	Bis zu 4x pro Woche, maximal 1,5 h pro Trainingseinheit (reine Trainingszeit)
Leistungsstufe	Leistungstrainierender, da er seit 5 Jahren regelmäßig trainiert
Allgemeiner Gesundheitszustand	Laut dem ärztlichen Check-Up liegen keine gesundheitlichen Probleme der Testperson vor. Die Testperson ist somit vollständig belastbar.

Anhand der allgemeinen Personendaten, sowie dem ärztlichen Check-Up, kann man davon ausgehen, dass die Testperson keinerlei Einschränkungen besitzt und somit alle Übungen bzw. Tests ohne jegliche Probleme ausführen kann. Diese werden nachfolgend in der Teilaufgabe 2 getestet. Für das Koordinationstraining (Teilaufgabe 4) können anspruchsvolle Übungen ausgewählt werden, da es sich um einen leistungstrainierende Testperson handelt.

2 Teilaufgabe 2 – Beweglichkeitstestung

Tab. 2 beschreibt die Testdurchführung, sowie die Beurteilung der Testergebnisse anhand der Normwerte. Bei allen Tests liegt die Testperson in Rückenlage auf einer Behandlungsliege.

Tab. 2 Beweglichkeitstestung

Testübung & Ausführung	Beschreibung	Bewertung	Ergebnis
M. pectoralis major (großer Brustmuskel) Abb. 1 DHfPG. Trainingslehre. S.49	Die Beine müssen angewinkelt werden und die Fußflächen auf der Liege aufgestellt werden, um das Becken fixieren zu können. Der Arm wird in eine 90° Position von Thorax & Oberarm, sowie Oberarm & Unterarm positioniert (Ellenbogengelenk 90°& Schultergelenksabduktion inkl. Außenrotation. Der zu testende Arm wird durch das Schultergelenk an der Außenfläche der Liege positioniert. Sollte die Testperson an der Wirbelsäule in eine Hyperlordose verfallen, muss der Bauch angespannt werden.	**Stufe 0**: Oberarm erreicht Horizontale ohne Druck des Testers (keine Beweglichkeitsdefizite) **Stufe 1**: Oberarm erreicht Horizontale durch Druck des Testers (leichte Beweglichkeitsdefizite) **Stufe 2**: Oberarm erreicht Horizontale auch durch den Druck des Testers nicht (Beweglichkeitsdefizite deutlich vorhanden)	rechts: 0 links: 0
M. iliopsoas (Lenden-Darmbeinmuskel) Abb. 2 DHfPG. Trainingslehre. S.50	Das Gesäß schließt mit dem Rand der Liege ab. Ein Bein wird maximal angewinkelt und mit den Händen zum Rumpf der Testperson gezogen. Das andere Bein hängt über den Rand der Liege locker Richtung Boden.	**Stufe 0**: Oberschenkel erreicht Horizontale **Stufe 1**: Oberschenkel erreicht Horizontale durch Druck des Testers **Stufe 2**: Oberschenkel erreicht Horizontale auch durch den Druck des Testers nicht	rechts: 1 links: 1
M. rectus femoris	Das Gesäß schließt mit dem Rand der Liege ab. Auch bei diesem Test wird ein Bein der Testperson maximal angewinkelt und mit den Händen zum Rumpf gezogen. Das andere Bein	**Stufe 0**: Unterschenkel hängt senkrecht herab **Stufe 1**: Unterschenkel erreicht 90° im Kniegelenk durch den Druck	rechts: 1 links: 1

(gerader Oberschenkel-muskel) Abb. 3 DHfPG. Trainingslehre. S.51	hängt locker Richtung Boden. Der Tester wird das Bein, das locker Richtung Boden hängt, durch Druck maximal nach unten drücken, um in der maximalen Hüftflexion fixiert werden zu können. Danach bringt der Tester das Bein in den maximal möglichen Kniewinkel. Der Winkel zwischen Ober- & Unterschenkel dient hierbei als Messbereich.	des Testers **Stufe 2**: Unterschenkel erreicht 90° im Kniegelenk auch durch den Druck des Testers nicht	
Mm. Ischiocrurales (Zweiköpfiger Oberschenkelmuskel, Halbsehnenmuskel, Plattsehnenmuskel) Abb. 4 DHfPG. Trainingslehre. S.52	Ein Bein wird gebeugt auf der Behandlungsliege aufgestellt. Das Bein welches getestet wird, wird ausgestreckt und der Tester führt es in eine maximale Hüftflexion. Durch die Fixierung des Beckens und der LWS wird verhindert, dass ein Anheben des Beckens oder eine Hyperlordose möglich wird. Als Messbereich wird der Winkel zwischen der Beinachse und der Longitudinalachse gewertet.	**Stufe 0**: Hüftflexion im Ausmaß von 90° möglich **Stufe 1**: Hüftflexion im Ausmaß zwischen 80-90° möglich **Stufe 2**: Hüftflexion nur unter 80° möglich	rechts: 0 links: 0
Mm. Triceps surae (Zwillingswadenmuskel, Schollenmuskel, Fußsohlenmuskel) Abb. 5 DHfPG. Trainingslehre. S.53	Das zu testende Bein wird ausgestreckt und ragt zur Hälfte über den Rand hinaus, während das andere Bein angewinkelt auf der Liege aufgestellt wird. Der Tester zieht mit den Händen das Fersenbein zu sich. Mit dem Daumen wird Richtung Schienbein gedrückt, um eine maximale Dorsalextension zu erreichen. Der Druck darf allerdings nur am äußeren Fußrand erfolgen. Es kann zwischen M. soleus und M. gastrocnemius unterschieden werden, indem der Tester das Bewegungsausmaß vergrößert (in der maximalen Dorsalextension das Knie beugen).	**Stufe 0**: Dorsalextension bis 0° möglich **Stufe 1**: Dorsalextension möglich; 0° wird nicht ganz erreicht **Stufe 2**: Dorsalextension nur bis 10° unter 0°-Stellung möglich	rechts: 1 links: 1

Anhand der Ergebnisse kann man feststellen, dass die Testperson im Oberkörper durchaus beweglich ist. Bei den Testungen des M. rectus femoris, M. iliopsoas und des Mm. triceps ist festzustellen, dass sowohl rechts als auch links leichte Einschränkungen vorhanden sind. Grund hierfür ist, dass die Testperson den Fokus, sowohl im Krafttraining als auch beim Dehnen, bisher ausschließlich auf den Oberkörper gelegt hatte. Dadurch wurde die Beweglichkeit im Unterkörper vernachlässigt, weshalb der Fokus bei Aufgabe 3 (Trainingsplanung Beweglichkeitstraining) primär auf den Unterkörper gelegt wird.

3 Teilaufgabe 3 – Trainingsplanung Beweglichkeitstraining

In den folgenden Tabellen (Tab. 3-5) werden sowohl das Belastungsgefüge, die Dehnmethode inkl. der Dehndauer, sowie die Übungen des Beweglichkeitstrainings dargestellt. Obwohl der Fokus auf dem Unterkörper liegt, werden auch Übungen für den Oberkörper inkludiert sein, da im besten Fall immer der ganze Körper trainiert/gedehnt werden soll. Unterschieden werden dabei statische und dynamische Dehnübungen.

Tab. 3 Belastungsgefüge

Trainingshäufigkeit pro Woche	3x pro Woche
Sätze pro Übungen	3 Stück
Intensität der Übungen	Maximales Dehnen

Tab. 4 Dehnmethode & Dehndauer

Statisches Dehnen	45 Sekunden Halten der Dehnposition
Dynamisches Dehnen	10 Wiederholungen (langsam)
Postisometrisches Dehnen	1 min. (6-10 Sekunden dehnen & 2-3 Sekunden entspannen)

Tab. 5 Übungen für das Beweglichkeitstraining

Nr.	Zielmuskulatur	Dehnmethode	Übung & Ausführung
1	M. trapezius pars descendens	Passiv dynamisch	Im aufrechten Stand werden die Knie leicht gebeugt, wodurch ein sicherer Stand eingenommen wird. Der Kopf wird in einer langsamen Bewegung von rechts nach links Richtung Schulter gezogen, so dass sich Ohr-Lot und Schulter annähern.
2	M. Pectoralis major	Aktiv dynamisch	Die Hände werden in einem 90° Winkel, zwischen Unter- & Oberarm seitlich des Kopfes, nach hinten geführt. Dadurch wird eine Retraktion des Schultergürtels ausgeübt. Der Brustkorb ist aufgerichtet und die Ellenbogen

			werden seitlich langsam und kontrolliert nach hinten und wieder nach vorne bewegt.
3	M. Triceps brachii	Aktiv- passiv statisch	Der zu dehnende Arm wird im Ellenbogengelenk gebeugt und langsam senkrecht nach oben angehoben. Die Hand muss dabei hinter den Kopf geführt werden. Mit der anderen Hand wird der Ellenbogen gegriffen, um diesen senkrecht nach unten zu ziehen. Dadurch ist eine Dehnung des M. Triceps brachii zu spüren. Diese Position muss anschließend statisch gehalten werden. Jede Seite wird abwechselnd drei Mal wiederholt.
4	M. Erector Spinae	Aktiv dynamisch	Die Ausgansposition dieser Übung findet sich in einem Hohlkreuz im Vierfüßlerstand auf einer Matte. Dabei sind die Handflächen unterhalb der Schultern aufgestellt. Der Rücken wird dann aus dem Hohlkreuz zu einem Rundrücken gebeugt und anschließend wieder in die Ausgangsposition gebracht. Die Bewegung muss langsam ausgeführt werden.
5	Mm. Glutaei	Passiv statisch	Gestartet wird diese Übung, auf einer Gesäßhälfte sitzend, auf einer Matte. Dabei wird ein Bein im 90° Winkel auf der Matte aufgelegt. Der Oberkörper wird aufgerichtet und legt sich auf das angewinkelte Bein. Das andere Bein wird nach hinten ausgestreckt, sodass Knie & Fußspitze ebenfalls die Matte berühren. Der Kopf wird dabei in Richtung Boden gezogen, so dass ein Zug auf Mm. Glutaei des angewinkelten Beins entsteht. Abwechselnd werden dabei die rechte & die linke Gesäßmuskulatur gedehnt. Die Dehnposition wird für 45 Sekunden gehalten.
6	M. rectus femoris	Passiv statisch	Bei dieser Übung wird das Knie auf der Matte aufgestellt, während das andere Bein angewinkelt mit der Fußfläche auf der Matte steht. Mit einer Hand wird um das Sprunggelenk des knienden Beins gegriffen, so dass es Richtung Gesäß gezogen werden kann. Diese Position wird gehalten, um den M. rectus femoris zu dehnen. Nach 45 Sekunden wird die Seite gewechselt.
7	M. Quadriceps femoris	Aktiv passiv statisch	Die Übung wird auf der Matte in Seitenlage ausgeführt. Der Oberkörper liegt ab und das Bein, das nicht die Matte berührt, wird im Kniegelenk angewinkelt und am Sprunggelenk mit der Hand Richtung Gesäß gezogen. Dabei wird die Hüfte gestreckt. Sobald eine Dehnung spürbar ist, wird die entstandene Position für 45 Sekunden gehalten. Die Übung wird abwechselnd links und

			rechts ausgeübt.
8	M. Quadriceps femoris	Postisometrisch aktiv	Bei dieser Übung wird ein schulterbreiter Stand eingenommen, bei dem beide Knie leicht gebeugt werden. Ein Bein wird dabei angewinkelt und Richtung Gesäß geführt. Mit der Hand wird das Sprunggelenk umfasst und nach hinten gezogen, um die Dehnung zu vergrößern. Dieser Vorgang wird für 6-10 Sekunden gehalten. Unmittelbar danach erfolgt eine vollständige Entspannung von 2-3 Sekunden. Im Anschluss wird die Dehnposition mit deutlich spürbarem Dehnreiz aktiv eingenommen und 10-20 Sekunden statisch gehalten. Die Übung wird drei Mal durchgeführt.
9	M. adductorbrevis, longus, magnus, minimus M. gracilis M. pectineus	Postisometrisch passiv	Die Ausgangsposition dieser Übung findet sich im aufrechten Schneidersitz, bei dem sich die Fußsohlen berühren. Die Hände umfassen dabei die Sprunggelenke und die Ellenbogen werden an die Knie geführt, wodurch dort Druck gegen die Kniegelenke ausgeübt wird. Die Knie wiederum üben Druck auf die Ellenbogen aus. Dieser Vorgang wird für 6-10 Sekunden gehalten, wodurch die zu dehnende Muskulatur isometrisch kontrahiert wird. Unmittelbar danach erfolgt eine vollständige Entspannung von 2-3 Sekunden. Im Anschluss wird diese Dehnposition mit deutlich spürbarem Dehnreiz passiv eingenommen und 10-20 Sekunden statisch gehalten. Die Übung wird drei Mal durchgeführt.
10	Mm. Triceps suare	Passiv statisch	Ausgangsposition bildet ein Ausfallschritt, wodurch das vordere Bein im Kniegelenk leicht gebeugt und das hintere Bein gestreckt ist. Die Fußsohlen sind dabei komplett aufgestellt. Um eine höhere Spannung des sich dabei dehnenden M. Gastrocnemius zu erreichen, wird das Gewicht nach vorne verlagert. Sollte hierbei keine Dehnung zu spüren sein, muss eine Gewichtsscheibe unter die Ferse des hinteren Beins gelegt werden, um die Dehnung zu spüren.

3.1 Begründung des Dehnprogramms

Für einen wirksamen Dehnungsreiz und das Erreichen der gewünschten Ziele sollten die Dehnübungen regelmäßig und sinnvoll absolviert werden. Aus diesem Grund sind die Übungen strukturiert im Ablauf zu trainieren. Zuerst werden die Muskeln des Oberkörpers gedehnt, da diese, basierend auf den Testungen aus Teilaufgabe 2, bereits relativ gut gedehnt sind. Im Anschluss werden die Muskeln des Unterkörpers gedehnt, da hier die größten „Probleme" beim Probanden gefunden werden konnten. Demnach bildet der Schwerpunkt des Dehnprogramms die Dehnung des Unterkörpers. Dabei sollten die statistischen Dehnübungen für 45 Sekunden gehalten werden. Durch das langsame Einnehmen der Dehnposition wird das Verletzungsrisiko der Testperson dabei auf ein Minimum reduziert. Beim dynamischen Dehnen dagegen ist die Zeit auf 10 wirkungsvolle Wiederholungen begrenzt, wobei der Vorteil in der wiederholten kurzzeitigen Einnahme einer nahezu maximalen Dehnposition liegt. Bei der postisometrischen Dehnmethode wird der zu dehnende Muskel für 6-10 Sekunden isometrisch kontrahiert, danach für zwei bis drei Sekunden vollkommen entspannt, um danach im Anschluss die Dehnposition mit einem deutlich spürbaren Dehnreiz für 10-20 Sekunden aktiv oder passiv einzunehmen. Mehr als 4 Serien werden in diesem Zusammenhang nicht für sinnvoll erachtet. (Vgl. DHfPG, Saarbrücken. S. 61 f.) Durch die Variationen der Dehnmethoden können sowohl die Intensität, als auch das Schwierigkeitsniveau erhöht werden, um das Dehnprogramm optimal auf die Testperson anzupassen.

4 Teilaufgabe 4 – Trainingsplanung Koordinationstraining

In den nachfolgenden Tabellen (Tab. 6 und Tab. 7) wird das Belastungsgefüge, sowie die Übungen des Koordinationstrainings aufgezeigt.

Tab. 6 Belastungsgefüge

Trainingshäufigkeit	3x pro Woche
Sätze pro Übungen	3 Stück
Satzpausen	30 Sekunden
Belastungsdauer	30 Sekunden

Tab. 7 Übungen für das Koordinationstraining

Nr.	Übungsauswahl	Beschreibung
1	Kurzer Fuß nach Janda	Für die Übung „kurzer Fuß nach Janda" wird ein stabiler, schulterbreiter Stand eingenommen. Die Knie sind dabei leicht gebeugt und die Wirbelsäule aufgerichtet. Um den Körperschwerpunkt halten zu können, muss die Belastung auf der Ferse, dem Klein- und Großzehenballen liegen. Zur Aktivierung des „kurzen Fuß" werden die Zehen leicht gespreizt und das Fußgewölbe hochgezogen.
2	Kurzer Fuß nach Janda + Augen geschlossen	Bei dieser Übung wird dieselbe Ausgangsposition wie bei Übung Nr.1 eingenommen. Zusätzlich müssen hier jedoch noch die Augen geschlossen werden.
3	Einbeinstand	Ebenfalls wie bei Übung Nr.1 wird hier das Gewicht gleichmäßig auf der Ferse, dem Klein- & Großzehenballen verteilt. Anschließend wird ein Bein leicht angehoben und gehalten. Bei dieser Übung werden nach jedem Mal die Seiten getauscht, sodass jedes Bein die Übung drei Mal ausführt.
4	Einbeinstand + Augen geschlossen	Bei Übung Nr.4 wird dieselbe Ausgangssituation wie bei Übung Nr.3 eingenommen. Zusätzlich werden die Augen geschlossen. Beide Beine werden dabei abwechselnd trainiert.
5	Einbeinstand auf einem Balance Pad	Die Ausgangssituation stellt dieselbe wie in Übung Nr.3 dar. Ausgeführt wird diese auf einem Balance Pad.
6	Einbeinstand auf einem Balance Pad + Augen geschlossen	Bei dieser Übung wird die Position aus Übung Nr.5 beibehalten. Zusätzlich werden dabei die Augen geschlossen.
7	Standwaage	Bei dieser Übung wird dieselbe Ausgangssituation wie beim „Einbeinstand" eingenommen. Das Bein, das sich in der Luft befindet, wird hierbei langsam nach hinten gestreckt und der Oberkörper zusätzlich nach vorne gebeugt. Um eine bessere Stabilisierung zu gewährleisten, werden die Arme gestreckt, sodass sich eine gerade Linie von der Fußspitze des Beins in der Luft bis zu den Fingerspitzen bildet.
8	Standwaage auf einem Balance Pad	Bei dieser Übung wird der Schwierigkeitsgrad angehoben. Die Ausgangssituation ist dieselbe wie bei Übung Nr.7, lediglich steht man nicht auf dem Boden, sondern auf einem Balance Pad.
9	Standwaage auf einem Bosu®	Diese Übung wird genau gleich wie Übung Nr. 7 & 8 ausgeführt. Der Schwierigkeitsgrad wird nochmals erhöht, da die Übung auf einem halben Bosu® Ball ausgeführt wird. Durch den Bosu® Ball muss man ein deutlich höheres Maß an Stabilität und Koordinationsvermögen beweisen.
10	Ausfallschritte auf mehreren halben Bosu® Bällen	Um diese Übung ausführen zu können, benötigt man mindestens drei halbe Bosu® Bälle. Diese werden in einer geraden Linie in einem Abstand von maximal 75cm angeordnet. Die Testperson steht mittig vor den ersten Bosu® Ball und stellt sich dann mit einem Fuß darauf. Mit dem anderen Fuß

	wird nun ein Ausfallschritt auf den zweiten Bosu® Ball ausgeübt. Von dort geht es weiter auf den dritten Bosu® Ball, sodass mehrere Schritte ausgeführt werden können. Dies stellt die anspruchsvollste Übung im Trainingsplan dar und erfordert hohe Konzentration bei der Ausführung.

4.1 Begründung des Koordinationstrainingsplans

Koordinative Fähigkeiten bilden eine wichtige Voraussetzung für das Gelingen alltäglicher und sportlicher Bewegungsleistungen. Sie erfordern dabei „das Zusammenwirken von Sinnesorganen, Nervensystem und Bewegungsapparat." (Thiel, Bernardi, & Hübscher (2017) S.28). Eine Komponente der koordinativen Fähigkeit mit hoher Bedeutung stellt die Gleichgewichtsfähigkeit dar. Diese soll durch das Koordinationstraining verbessert und stabilisiert werden, um die Bewegungssicherheit zu erhöhen (vgl. Gimbel (2014) S. 132).

Zunächst empfiehlt sich zu Beginn des Trainings ein allgemeines Aufwärmprogramm, um eine Erhöhung der Körpertemperatur, sowie ein Einschleifen des Bewegungsapparates, ohne Ermüdung des Körpers, herbeizuführen. Um anschließend ein effektives Training zu gewährleisten und die methodisch-didaktischen Prinzipien einzuhalten, sollten die Belastungsreize mit Zunahme der Leistungsfähigkeit gesteigert werden, um eine Über- oder Unterforderung zu vermeiden. Demnach steigt das Schwierigkeitsniveau im Koordinationstrainingsplan mit zunehmenden Übungen an. Zusätzlich werden die Übungen durch Druckbedingungen, wie beispielsweise das Ausschalten der optischen Kontrolle, dem Schwingen des Beins und dem Einsatz von Hilfsmitteln, wie dem Balance Pad und der halbe Bosu® Bälle (propriozeptive Trainingskomponente) erschwert (vgl. Gimbel (2014) S.134). Letzteres bildet einen überaus wichtigen Bestandteil der Verletzungsprophylaxe, sowie der Sturzprohylaxe. Denn je besser die Propriozeption, desto höher ist die Bewegungssicherheit, die durch den Koordinationstrainingsplan gewährleistet werden soll (vgl. Häfelinger & Schuba (2002) S. 23-25).

5 Teilaufgabe 5 – Literaturrecherche

Tab. 8 umfasst den Vergleich zweier Studien, welche die Effekte des Dehnens im Hinblick auf eine Verbesserung der sportlichen Leistungsfähigkeit betrachten.

Tab. 8 Effekte des Dehnens im Hinblick auf eine Verbesserung der sportlichen Leistungsfähigkeit

Studie 1	Studie 2
Titel der Studie	
„Einfluss unterschiedlicher Dehntechniken auf die relative Leistungsfähigkeit"	„Muskeldehnung zur Leistungsverbesserung im Sprint"
Wer hat die Studie durchgeführt?	
Björn Begert, Dr. Martin Hillebrecht	Klaus Wiemann, Andreas Klee Bundesinstitut für Sportwissenschaft (Hrsg.): Sportwissenschaftliche Forschungsprojekte. (Erhebung 1992)
In welchem Jahr wurde die Studie publiziert?	
2003	Köln Selbstverlag 1993
Mit welchen Versuchspersonen wurde die Studie durchgeführt?	
Die Stichprobe der Studie bestand aus 35, davon 19 männlichen und 16 weiblichen, Sportstudenten der Universität Oldenburg. Das Durchschnittsalter der Probanden lag bei 25 +/- 5 Jahren, die durchschnittliche Körpergröße bei 1,79 +/- 0,09m und das Durchschnittsgewicht bei 73 +/- 12 kg. Anhand eines Vortests wurden die Probanden in drei Gruppen eingeteilt. Grund dafür war das Bestehen einer ähnlichen Verteilung der reaktiven Leistungsfähigkeit, sowie der Beweglichkeit. (Vgl. Bergert & Hillebrecht (2003), S.5) Je nach Gruppe, absolvierten die Teilnehmer unterschiedliche Dehnprogramme der unteren Extremität. 11 Probanden nahmen an einer statischen Dehnung teil, 12 Probanden an einer dynamischen Dehnungen und weitere 12 bildeten die Kontrollgruppe (vgl. Bergert & Hillebrecht (2003), S.7).	An der Studie nahmen 32 männliche Studierende des Faches Sport der Bergischen Universität Wuppertal teil. Während des Erhebungszeitraums führten diese an jeweils drei Tagen, im Abstand von jeweils einer Woche verschiedene Übungen durch. Gruppe 1 „Dehnen der Hüftbeuger" umfasste dabei eine Stichprobe von 31 Probanden, Gruppe 2 „Dehnen der Hüftstrecker" eine Stichprobe von 32 Probanden und Gruppe 3 „Kontrolle Dauerlauf" eine Stichprobe von 31 Probanden. (Vgl. Wiemann & Klee (1993), S. 2f.)

Im Anschluss an eine allgemeine und standardisierte Erwärmung der Probanden, mussten diese drei mal einen Drop-Jump (DJ) ohne Schuhe aus einer Höhe von 24 cm ausführen (vgl. Bergert & Hillebrecht (2003), S.7). Die wesentlichen Vorgaben dabei umfassten die „Minimierung der Bodenkontaktzeit nach der ersten Flugphase, Fixierung der Arme am Körper durch Stützen der Hände in die Hüften und das Aufrechthalten des Oberkörpers während der gesamten Bewegung." (Bergert & Hillebrecht (2003), S.7). Im Anschluss an die Landung erfolgte direkt ein erneuter Sprung nach oben.

Nachfolgend wurden die Probanden in die bereits genannten drei Versuchsgruppen eingeteilt. Gedehnt werden dabei jeweils alle Muskeln die, an dem Bewegungsimpuls beim DJ beteiligt sind. Die Dauer der statischen Dehnung umfasste dabei ein- bis zweimal 15 Sekunden und die Dauer der dynamischen Dehnung ein- bis zweimal 12 Wiederholungen (vgl. Bergert & Hillebrecht (2003), S.8). Die Dehnbarkeit der Muskulatur der unteren Extremitäten wurden mit Hilfe der erreichten Beweglichkeit des Hüftgelenks abgeschätzt. Dafür wurde der Straight-Leg-Test verwendet. Dieser beinhaltete eine nach vorne aus dem aufrechten Stand durchgeführte Rumpfbeuge auf einem Kasten, mit durchgedrückten Knien und ausgestreckten Armen. Maß für die Dehnbarkeit bildete hier die Position, die mit den Fingerspitzen in Relation zur Kastenhöhe erreicht wurde (vgl. Bergert & Hillebrecht (2003), S.7).

Unmittelbar im Anschluss mussten alle drei Gruppen erneut DJ aus einer Höhe von 24 cm absolvieren (Nachtest 1). Danach durften sich die Teilnehmer 30 min körperlich nicht betätigen, um danach den DJ als Nachtest 2 noch einmal zu wiederholen.

Für die Durchführung der Studie wurden sowohl der Hüftstreckmuskel, als auch der Hüftbeuger als leistungsbestimmend gewertet. Der Strecker des oberen Sprunggelenks, sowie der Kniestrecker, werden hier außer Acht gelassen. (Vgl. Wiemann & Klee (1993), S. 1)

Zu Beginn der Studie durchliefen alle Probanden einen 15-minütigen Vortest, welcher aus einem Aufwärmprogramm ohne Dehnübungen bestand. Direkt danach wurden zwei Kurzsprints mit einer Länge von 40 m aus einer aufrechten Startposition durchgeführt. Die digitale Zeitmessung erfolgt durch Infrarot-Doppellichtschranken an der 5m-Marke und an der 40m-Marke, die auf 1/1000s genau stoppten.

Im Anschluss erfolgten drei unterschiedliche Behandlungen. Gruppe 1 absolvierte dabei ein 15-minütiges Dehnprogramm für die Hüftbeugemuskulatur, Gruppe 2 ein 15-minütiges Dehnprogramm für die Hüftstreckmuskulatur und Kontrollgruppe 3 ein 15-minütiges leichtes Dauerlaufen ohne Dehnung. Unmittelbar im Anschluss wurden unter gleichen Bedingungen wie bereits zu Beginn, zwei Kurzsprints als Nachtest absolviert. (Vgl. Wiemann & Klee (1993), S. 2)

Welche relevanten Ergebnisse und Schlussfolgerungen lieferten die Studie?	

Die statistische Auswertung erfolgte durch das Programm SPSS/PC + 9.01. Das Ergebnis zeigt, dass das Dehnen die reaktive Leistungsfähigkeit beeinflusste. Der durchschnittliche Reaktivitätsindex der Kontrollgruppe blieb vom Vortest zum 1. Nachtest nahezu unverändert, sank jedoch zum 2. Nachtest auf 98% des Ausgangsniveaus ab. Die Gruppe, die die statistische Dehnung durchführte, zeigte einen deutlich abweichenden Verlauf. Hier sank der Reaktivitätsindex vom Vortest zum 1. Nachtest auf 92 % und beim 2. Nachtest auf 90 % des Ausgangsniveaus. Somit haben die Leistungen der statischen Dehngruppe signifikant abgenommen. Anhand dessen lässt sich erkennen, dass „kurzfristiges statisches Dehnen [.] eine zeitlich überdauernde Verringerung der reaktiven Leistungsfähigkeit verursacht." (Bergert & Hillebrecht (2003), S.9).

Im Gegensatz dazu, zeigte die dynamische Dehngruppe keinen signifikanten Abfall des Reaktivitätsindex. Vom Vortest zum 1. Nachtest ergab sich lediglich eine Verrgingerung um 3 %. Beim 2. Nachtest lässt sich sogar ein leichter Anstieg von 2 % entnehmen. Dadurch lässt sich ableiten, dass dynamisches Dehnen nicht zu signifikanten Beeinflussungen der reaktiven Leistungsfähigkeit führt (vgl. Bergert & Hillebrecht (2003), S.8f.).

Letztendlich lässt sich festhalten, dass sich die Durchführung von dynamischem Dehnen deutlich positiver auf die reaktive Leistungsfähigkeit auswirkt.

Begert & Hillebrecht sehen die Gründe für das dargestellte Ergebnis nach statischem Dehnen auf neuronaler Ebene. Die neuronale Erregbarkeit gedehnter Muskeln ist nach Rosenbaum & Henning (1995) stark verringert.

Die statistische Auswertung der Studie erfolgte durch das Statistikprogramm SPSS/PC +3,0. Das Hauptergebnis zeigt, dass sich die Sprintzeiten in allen drei Gruppen verschlechtert haben. Vergleicht man die Minimalzeiten der beiden Dehngruppen im Vor- und Nachtest, lässt sich eine signifikante Verschlechterung der Sprintzeit feststellen. Gruppe 2 verschlechterte sich dabei um 0,137 sec und Gruppe 1 sogar um 0,139 sec. Lediglich Gruppe 3 zeigte keine signifikanten Veränderungen der Sprintzeit mit einer durchaus geringen Differenz von -0,026 sec.

Ebenfalls festzustellen war die Tatsache, dass sich die Sprintzeiten im Nachtest in den beiden Dehngruppen vom 1. zum 2. Nachtestlauf minimal verbessert haben, während sich die Zeiten der Kontrollgruppe minimal verschlechtert haben. Insgesamt lässt sich jedoch festhalten, dass die beiden Dehngruppen eine signifikant schlechtere Sprintzeit im Anschluss an das Dehnen erzielten, während die Kontrollgruppe annährend gleiche Ergebnisse erzielt.

Dem Experiment ist es nicht möglich, die erwarteten Leistungsverbesserungen durch das Dehnen zu bestätigen. Stattdessen wird deutlich, dass ein intensives Dehnen vor Beginn des Sprintens zu einem deutlichen Leistungsverlust führt. Es könnte nun die Annahme getroffen werden, dass eine Ermüdung durch das intensive Dehnprogramm zur Leistungsverschlechterung beigetragen hat. Es konnte jedoch noch nicht herausgefunden werden, in wie weit die Muskeldehnung zur Verschlechterung der Leistung beiträgt. (Vgl. Wiemann & Klee (1993), S. 3ff.)

6 Literaturverzeichnis

Bergert, B., & Hillebrecht, M. (2003). *Einfluss unterschiedlicher Dehntechniken auf die relative Leistungsfähigkeit.* Abgerufen am 2018. Mai 14 von http://spt0010a.sport.uni-oldenburg.de/PDF/ReaktivkraftundDehnen%20alt.pdf

Croci, S. (April 2017). *BlutdruckDaten.* Abgerufen am 15. Juni 2017 von https://www.blutdruckdaten.de/lexikon/blutdruck-normalwerte.html

DHfPG. (Saarbrücken). Studienbrief Trainingslehre III.

Gimbel, B. (2014). Training des Bewegungsapparats. *Körpermanagement - Handbuch für Trainer und Experten in der betrieblichen Gesundheitsförderung.* (B. Gimbel, Hrsg.) Heidelberg: Springer-Verlag.

Häfelinger, U., & Schuba, V. (2002). Koordinationstherapie - Propriozeptives Training. Aachen: Meyer & Meyer Verlag.

Jöllenbeck, K. M. (2016). Abgerufen am 18. Juni 2017 von https://freidok.uni-freiburg.de/fedora/objects/freidok:10859/datastreams/FILE1/content

Knobloch, K., Martin-Schmitt, S., Gösling, T., Jagodzinski, M., Zeichen, J., & Krettek, C. (2005). *Prospektives Propriozeptions- und Koordinationstraining zur Verletzungsreduktion im professionellen Frauenfußballsport.* Abgerufen am 14. Mai 2018 von https://www.researchgate.net/profile/Michael_Jagodzinski/publication/23820760 4_Prospektives_Propriozeptions-_und_Koordinationstraining_zur_Verletzungsreduktion_im_professionellen_Fra uenfussballsport/links/0c96052d183342ad3b000000.pdf

Thiel, C., Bernardi, A., & Hübscher, M. (2017). Sportmedizinische Beratung und medizinische Trainingslehre, Empfehlungen zur körperlichen Aktivität - Körperliches Training in Prävention und Therapie (Gestaltung und Effekte). *in Körperliche Aktivität und Gesundheit - Präventive und therapeutische Ansätze der Bewegungs- und Sportmedizin.* (W. Banzer, Hrsg.) Heidelberg: Springer-Verlag.

Wiemann, K., & Klee, A. (1993). *Muskeldehnung zur Leistungsverbesserung im Sprint.* (B. f. Sportwissenschaft, Herausgeber) Abgerufen am 14. Mai 2018 von http://www.biowiss-sport.de/wp-content/uploads/2015/02/despri.pdf

Würtemberger, G., & Bastian, K. (2001). *Thieme.* Abgerufen am 19. Juni 2017 von https://www.thieme-connect.com/products/ejournals/pdf/10.1055/s-2001-19001.pdf

7 Abbildungs- und Tabellenverzeichnis

7.1 Abbildungsverzeichnis

7.2 Tabellenverzeichnis

BEI GRIN MACHT SICH IHR WISSEN BEZAHLT

- Wir veröffentlichen Ihre Hausarbeit,
  Bachelor- und Masterarbeit

- Ihr eigenes eBook und Buch -
  weltweit in allen wichtigen Shops

- Verdienen Sie an jedem Verkauf

Jetzt bei www.GRIN.com hochladen
und kostenlos publizieren